JN440206

그러나 먼 곳

이영권 시집

문학의전당 시인선
178

그러나 먼 곳

이영권 시집

문학의전당

시인의 말

껍데기 없는 알맹이가 어디 있으며
알맹이 없는 껍데기가 또 어디 있으랴.

나의 껍데기여
나는 당신의 알맹이요
나는 또 다른 껍데기

당신께 삼가
이 시집을 바칩니다.

2014년 봄
이영권

차례

제2부

제3부

제4부

제1부

미꾸라지 용 되었다

내 어릴 적 시골에서 하늘과 땅 사이가 물로 채워져 경계가 허물어졌을 때 안마당에 널브러져 꼬물대는 미꾸라지를 보고 어른들은 미꾸라지가 물 타고 하늘로 오르다 떨어졌다고 했다. 어린 나는 곧이곧대로 믿지는 않았는데 비 그치고 마을 어귀 크든 작든 아무 도랑이나 그물 대놓고 발로 차면 그물 가득 미꾸라지가 잡히곤 하여 정말로 미꾸라지가 용 되었다는 말이 왜 생겨났는지 알 법도 했다. 이런 말을 도시 친구들에게 하면 그것은 거짓말이라고 했다. 어떻게 미꾸라지가 집안 마당까지 올 수 있느냐고. 그러면 난 웃으면서 말했다. 미꾸라지가 그렇게 많이 용솟음치듯 물을 타고 위로 위로 오르다보면 몇 마리 정도는 하늘까지 닿을 수 있지 않겠느냐고. 지금은 시골에서 좀처럼 찾아보기 힘든 것도 모두가 그렇게 하늘로 하늘로 오르다 어느 중간쯤에 떨어진 것 아니냐고. 그렇게 떨어져 어느 도시 골목길 허름한 식당 맛깔스런 추어탕이 되기도 하지만 또 그렇게 오르고 오르다 허벌나게 돈 많은 부자가 되기도 하지 않았냐고. 인왕산 아래 청기와집 주인이 되기도 하지 않았냐고.

그리운 소리

내 고향
나지막한 앞산 너머로
따스한 아침 햇살 피어오를 때
잠든 마을 일깨우는
낯익은 소리
그 소리들

분주한 까치 곤한 농부 단잠 깨우고
밤새 선잠 잔 누렁이
기지개키며 컹컹거리는 소리
뒷짐 진 수탉 힘차게 목청 돋우고
황토색 어미 소
외양간 나간 송아지 불러들이는 소리
부엌 아궁이 삭정이 태우며
구수한 보리밥 익는 소리
그 소리들

뒷산 양지쪽 까투리 따라

장끼 푸드득 날아가며 울고
가시 돋은 탱자나무 사이 참새들
간밤에 꾼 꿈 이야기 재잘대고
자지러지는 앞개울 아름드리 버드나무 빨래터
어둠 씻는 소리
그 살아 있는 소리
소리들이 그립다

가을나무 한 그루

가을 한가운데에 섰다.
비 내리는 이른 아침
인생의 무게는 정수리부터 비워지고
마음 가장자리 길 잃은 상념들
가벼운 빗방울 하나에도 맥없이 떨어진다.
알록달록 나름대로 쌓아올려 세상을 모자이크하는
삶들 틈바구니에서 자꾸만
추억되는 것이 많아지는 나무 한 그루

찬란했던 봄도 흐르고 흘러 예까지 왔구나.
아버지 어깨가 까마귀 날개처럼 흐느낄 때
부엌에서 옷고름 훔치는 어머니를 보았지
우린 삶은 무논에 올미를 캐서
까만 껍질 속 하얀 맛으로 허기를 채우고
해 저물면 논두렁에 빠진 산그늘 밟으며 돌아와
언젠가는 피어날 꿈처럼 굴뚝마다
한가로운 행복을 하늘로 피워 올렸다.

세상이 모두 내 것이었던
그 한여름
하늘로만 향하던 발돋움이나
뜨겁던 뙤약볕에 갈라진 입술이나
우레처럼 불만스럽던 젊음의 열정이나
홍수처럼 넘쳐났던 사랑도
이젠 흘러간 강물이 되었구나.

정처 없이 떠다니던 바람만
그 입구를 서성이고 있다. 그나마 아직
나를 떠나지 않은 푸른 잎들 남아 있으니
움츠린 몸 다시 한 번 추슬러
가슴 가득 하늘을 안아본다.

그러나 먼 곳

참 멀리도 왔다.

어머니 하시던 명주길쌈 베틀
도투마리 풀리며 말코에 감기는 내 삶은
명주 몇 필이나 될까
까마득히 사라져 보이지 않고
마음속 지평선 위 여백으로만 남은
씨실과 날실 교차하는 수많은 틈바구니들
북 집은 쉴 새 없이 드나들었지.

빈틈없는 베틀의 메커니즘
북 집 한 번 왕복으로
도투마리 한 칸 풀리고 말코 한 칸 감기듯
시간의 베틀도 그렇게
풀리고 감기며 내 삶을 재단해왔어.

지난 것들은 철커덕 철커덕
더 쉽게 멀어지며 점 점 점

큰 점에서 작은 점으로 사라져가고
알 수 없는 잉에 뒤 세계는 촘촘히 다가와
울컥울컥 바디집을 놀라게 하여
한 올 한 올 올곧은 명주 면면을
거칠게 스쳐가기도 했지.

살아간다는 것은
명주 몇 필 짜서 내 몸에 걸치고
나무상자에 누워 흙집으로 들어가는 것
가까운 것은 멀어지고
멀리 있는 것은 더 멀어지고
나도 그렇게 멀어져가는 것
가까운 것은 내 곁에 두고
멀리 있는 것은 끌어당겨
더 멀리 있는 것에 가까이 다가가는 것

귀향

1

부모님 뵈려고 이화령을 넘으려니
지난여름 막혀 있던
터널 길이 뚫렸구나
길 멀다
핑계 삼던 일이
와 이리 부끄럽노

2

어릴 적 그대로인 철 대문을 건 듯 여니
마당은 고즈넉하고
마루마저 인적 없다
누구요
하는 소리가
이불 속에서 들려온다

3

일박이일 머물면서 어머니 곁에 앉아

깃털처럼 가벼워진
몸무게를 느껴볼 때
당신의
애틋한 사랑이
눈시울을 적신다

4

잠드신 아버지 얼굴에 새겨진 암각화는
흐르는 세월이 만든
설형문자 사기(史記)이런가
들여다보고
또 들여다봐도
판독하기 어렵구나

부끄러움과 부러움

어릴 적
서울 사는 아이들이
그렇게도 부러웠지

하얀 피부,
깔끔한 옷차림
그들을 보면
왜 그리도
부끄러웠던지

어른 된 지금 나는
서울에 사는데
어릴 적 내가
그리도 그리워했던
서울에 사는데

고향에 가면
나를 부러워하는 사람은 없고

나는 되레
고향 사는 사람들이
부럽고 또 부럽다

이안(利安)* 가는 길

지금 가는 곳, 내 고향
금강 건너 추풍령 넘고 지표(地標)만 남은 공갈못 지나
낙동강 지류(支流) 휘감아 도는
경상북도 상주 함창벌 북쪽 끝자락

눈감으면
줄잡아 오십 호의 집들이 호산(虎山) 아래 옹기종기 넓은 들판 품어 안고
산비탈 그늘 따라 소 몰고 내려와
밤이 하얗도록 명주 길쌈 소리에 흘러간
내 유년시절이 숨 쉬는 곳

거기
눈처럼 하얀 머리의 어머니가 보인다.
꼬부라진 허리 깊숙이 말라빠진 무말랭이 끌어안고
허위허위
툇마루 오르시는 어머니
그 뒤로 검게 이끼 낀 고목등걸 한 아름 안고

새까만 심장 태우러 뒤안길로 가시는
아버지도 보인다.

차창 밖으로 칠흑 같은 어둠이 내린다.
멀리 보이는 산 능선은 검은 파도처럼 술렁이고
우루루 삼켜지는 텅 빈 들판
그 들판이 반짝인다.

낯익은 말들이
여기저기 모여 정답다.
갈수록 푸성귀 같은 얼굴의 사람들이 찬바람 일으키며 오르내리고
기차는 힘차게
어딘지 모를 들판을 지나고 있다.

---

*이안(利安) : 경북 상주시 이안면.

어머니의 감나무

어머니는 감을 좋아하셨다
집을 둘러 심은 여남은 그루 감나무
어머니 얼굴 잔주름 따라
예닐곱 접은 좋게 거둔다

당신 어릴 때
감 먹는 아이가 그렇게도 부러워
감나무처럼 자란 우리에겐
다툼 없이 먹으란다
감이 좋아 감나무 심고
우리에겐 대물림을 바라셨다

우리는 자라
살길 찾아 떠나고 어머니에겐
철새가 되었다

감이 가지마다
주저리 주저리 매달려

말라빠지고 쪼그라져 까마귀밥이 되어도
어머니는 이제
거두어들일 힘조차 없으시다

어머니는 감나무를
아들 삼아 위로하고
휘여휘여 따 들인 감일랑은
다락방에 연시로 만들어놓고
기약 없이
우리를 기다리신다

한가뫼*에서

1

이슬을 발로 차며 들판을 달려본다
도깨비바늘처럼
아침햇살 쬐어들면
알알이
익은 벼이삭
수줍은 듯 맞이한다

2

폭죽 쏘듯 피어나는 쑥부쟁이 환한 미소
옛 동산 구비마다
넘실대는 어린 추억
화사한
꽃뱀 따라서
길 잃어도 좋아라

3

발밑으로 기어드는 뒷동산 산 그림자

황혼이 짙을수록
지척을 삼키어도
문창살
사이사이엔
따스운 정 새어난다

---

*한가뫼 : 경북 상주시 이안면 흑암2리의 별칭.

산골 아이

외딴 산골에 눈이 내린다
함박눈이 내린다

베잠방이 다 젖도록
토끼몰이 하던 뒷동산에도
배 깔고 엉덩이 깔고
나무썰매 지치던 언덕배기에도
하얀 눈이 내린다

엄마 아빠 살길 따라
하나 둘 서울로 떠나던 아이 눈물처럼
소꿉친구 잃어버리고
혼자서 눈길 걷는 산골 아이 발자국처럼
외로워 외로워 온종일 거닐다
눈사람이 되었다

외딴 산골에 눈이 쌓인다
함박눈이 쌓인다

가로수가 흙에게

난 당신의 사랑으로 서 있습니다.
언제부턴가 고즈넉하던 나에게
지피에스가 붙여지고
나도 유랑의 무리에 들어 도시로 왔을 때
날마다 분주하고 숨 가쁜 세상 삶이
목을 옥죄어 와도
당신만은 내게 가슴 내밀어
어머니처럼 따뜻하게 품어 주었습니다.
지난여름 우레와 비바람에
온갖 미물들이 흔들리고 떠내려가도

난 이렇게 당신의 사랑으로 서 있습니다.
보이지 않는 것은 쉬 잊히고
당신의 깊고 깊은 마음속에
내 그림자로도 다가갈 수 없지만
시멘트 콘크리트 철갑을 두른 이 도시
그래도 내가 서 있는 틈을 위안 삼아
당신의 뜨거운 숨결이 내 몸을 타고 올라

가지 끝까지 느껴집니다.
맞닿은 어깨와 어깨 가로막힌 벽돌담 너머
이름 없는 이웃들이 굳은 얼굴로 외면해도

난 당신의 사랑으로 굳게 서 있습니다.
움트는 봄의 새싹이나
뭇사람들의 낭만을 부추기는 꽃들이나
시간이 갈수록 짙어지는 푸른 잎들이나
붉게 타는 단풍잎들이나 탐스런 열매들
추운 겨울이면 벗어버리는 여백 속의 관능마저
당신으로 인해 나에게 피어나는
사랑의 메시지 아닌가요.
어쩌다 가지가 꺾여 피눈물지고
소음이나 매연 속에 불면의 밤을 지새우며
지나가는 사람들의 짓궂은 장난에 절망해도

난 당신의 사랑으로 서 있습니다.
고향 떠나 떠돌다 만나 맺은 인연 혹시

떠난다 하더라도 떠날 수 없도록
보낸다 하더라도 보낼 수 없도록
난 당신의 너무 깊은 곳까지
뿌리를 박고
당신은 나의 너무 작은 뿌리까지도
보듬어 안고 있습니다.

산수유

나의 겨울은
노란 하늘이었다
다시 빠알간 가을을 꿈꾸며
따스한 햇살 머금고 머금어
누구보다 성급한 마음이었다

개나리 채 피기도 전인
우수 언저리
꺼져가는 생명의 불씨가 되어
어느 부지런한 농부 손에
활활 타오른다

그렇게
겨우내 식은 체온을 데워
밭갈이에 나서고
봄은 밭고랑을 따라
노랗게 피어오른다

그래서 아버지는
산수유가 피면
한 해가 거뜬하다고 하셨던가

가뭄 1

여든 노모가
당신의 손등처럼 갈라진
밭고랑을 북돋우며
허위허위
간다

땀으로 홍수 지는 얼굴을 훔치며
저승길이 될지도 모를
그 길을

그 길엔 투명한 불꽃이 피어오르고
한 마리 빛 고운 새가 날아간다

새가 날아간 자리엔 설익은 고추들이
자지러지게 떨어져
흉한 몰골로 오그라들고
대처로 나간 아들 생각에
고개를 들면

발고랑 끝은

어지럽게 이글거린다

가뭄 2

일흔 노모는 혼자서
시들어 누워버린 고추모종 북돋우며
밭이랑을 힘겹게 나아간다

비를 기다리다
당신보다 먼저 숨 멎을까
그냥 있을 수 없었나 보다

한 걸음 두 걸음
지진이 지나간 듯 당신 손처럼
갈라진 틈을 메우며 나아간다

제2부

사람은 배아야 되는 기라

이누무 자석, 니가 대학 갈라고 그러나? 고만 치아라. 공부해서 머 될라고 정승이 될레 판사가 될레 나도 너들 손에 흙 안 묻힐라고 학교 보내논께 인자는 대학 간단다. 니 머 가지고 대학 다닐래? 이기 하늘 높은 줄 모르는구나.

아부지요, 우째도 지는 대학 갈기라요. 지가 벌어서라도 갈기라요. 어메, 머라고 좀 해봐.

이녁이 암만 그래봐도 자석 고집 꺾을 줄 알아여? 고만 하고 보내줍시다. 마차 저거 하나 남았는데 우리 곁에 있을라 카는 자석이 어데 있데여? 이녁 다리가 펀치 않지만 시름시름 명주 짜서 팔고 안 되만 여물리 앞 땅 팔지 머. 안 될라고? 배운 놈들이 다 불효자라 카더라도 사람이 배아야 되는 건 옳은 이치 아인가?

그래, 사람은 배아야 되는 기라.

까치밥 1

아버지의 텅 빈 하늘 끝

가을걷이 끝난 감나무 가지

서리 맞은 주홍빛 감 하나

어린 손자 놈 푸른 하늘 쳐다보다

칭얼대며 손가락질한다

손자가 애처로워

그 감 따다 두 손에 쥐어주니

얼굴에 감도는 홍시 같은 미소

그 속에 눈물이 말라 있다

다음날 손자 놈 할아버지 곁을 떠나고

까치는 이제 날아들지 않는다

까치밥 2

초겨울 햇살,
불면의 밤들,
고독한 세월이
가지 끝에 걸려 있다

주름을 더하며
말라빠지고 쪼그라져
할머니 뱃살 같다

동천(冬天) 바람결
살갗은 무디어져
앙금이 가겠지

새 한 마리 서쪽으로 날다
흘낏 주는 눈짓
이 겨울엔 더욱 춥겠다

눈 오는 밤에

어머니는

잠든 내 곁에 앉아

하얀 솜이불로

얼어붙은 나의 몸을 덮어주신다

고요하고 가볍지만

하염없는

무게로

밤새

소복소복 쌓이고 있다

어머니 1

지난날 돌아보면
한여름 보릿고개
멀건 흰죽으로 넘기시고
자식들 빈자리엔 한나절 콩밭
땀방울로 뒤범벅이 되었다.

여든 구비 세월의 강물 속에
허리춤은 자꾸만 줄고 줄어
껍데기뿐인 몸은
건포도처럼 쪼그라들고
외로운 잠자리마다
커다란 알을 품고 주무신다.

모두 다 빠져나가 쭉정이뿐이지만
가벼울수록 무게 있고
고개 숙여지는
껍데기.

시인 브레히트의 어머니는
죽어 땅속에 묻힐 때
체중이 가벼워
땅을 거의 누르지도 않았다고 한다.

어머니 2

어메,
내 고향에서는
그렇게 부른다

어메,
송아지도
그렇게 부른다

어메,
어메.

이제는
불러도
대답이 없다

이명(耳鳴)

오늘 같은 겨울밤이면
눈 내리는 소리는 들리지 않고
지난여름 그 무덥던 어머니 장례식 날
그렇게 울어대던
고향마을 매미소리 들린다

겨울이어도 땀이 날 만큼
무겁게 상복을 입고
닭똥 같은 땀방울을 떨어뜨리던 그날부터
매미 몇 마리 내 귀로 들어와 운다
먼 고향소리 들려주며
나 대신 저렇게
서러이 울고 있다

어메 가신 날

어메,
흘릴 땀이 모자라
7월 한여름을 넘기지 못했지요

호산(虎山)으로 가신 날
어메 몸은 가벼워
땅을 거의 누르지도 않았어요*

내려오는 길에
하얗게 개망초꽃이 피어 있고
연보라색 도라지꽃이
꽃잎을 넓게 떨어뜨리고 있었지요

어메
비 오듯 땀 흘리며
콩밭 메던 곳에선 이름 모를
새 한 마리 날아갔어요

초우(初虞)를 지내고
개망초 도라지 한 아름 꺾어
당신 영정 옆에 두었지요

어메,
당신은 웃고 계셨어요

---

*브레히트의 「나의 어머니」 구절 인용.

개망초꽃

그리 예쁘지도 않고
향기롭지도 않아요.
그리 곰살궂지도 않고
화려하지도 않아요.

들꽃 중에서도 큰 키라고
멋쩍거나 어수룩하지도 않아
옆에 핀 달개비를 깔보거나
엉겅퀴를 겁내는 법도 없어요.

여름 햇볕이 뜨거울수록
꽃잎은 시들지 않아
하얀 색깔이 더욱 더 고고하지요.

하여 산비탈이나
후미진 골목길로 밀려나도
그 질긴 생명으로
고향 언덕을 하얗게

무리 지어 지키고 있어요.

산그늘 길게
어둠이 몰려와도
밤하늘 별빛으로 발돋움하지요.

어머니 가신 후에야
나는 개망초꽃이 아름다운 줄 알았어요.

겨울 산

벌거벗고 살아가는
이 시대
아버지의 모습

군불 지피지 않고
격자무늬 창호지 문도 낡아
손자의 응석처럼 파고드는 칼바람에
잔등 잔뜩 웅크리고 외로워한다

가슴에 곧추선 잔털처럼
군데군데 상록수들
눈물겨이 서성거리고
얼기설기 추위에 떨며 그리워 운다

누군가 산길 오르는 발소리에
커다란 귀 쫑긋 새워
시린 얼굴 길게 내밀고
넓게 가슴을 연다

계곡마다
은빛 투명한 겨울 노래 듣다
산비탈 양지쪽 햇살 쬐다
산 그림자에 묻혀 성급히 돌아눕는다

사람들 옷이 두꺼워질수록
어쩌면 저렇게 얇게,
결국은 듬성듬성
알몸까지도 드러내는가

아버지 1

유월 어느 날
멀리
포성은 들려오고
농부들은 노래를 잊었다

붉은 깃발이
마을 어귀에 꽂히고
밤새
사람 잡는 소리

밤이면 뒷산 능선 따라
섬광이 번득이면
아버지는 오금 안고
밤을 지새웠다

동생은 빨갱이라
국군에게 붙잡혀 죽고
조카는 국군으로

전쟁터로 갔는데

어쩌겠는가
어쩌겠는가
저 깃발 아래 서성이는
풀잎 같은 이름들

물처럼 흐른 세월 속에
오늘도 아버지는
동생을 부르신다.
조카를 부르신다

아버지 2

아버지의 아버지
그 할아버지의 할아버지도
농군의 아들

한평생 하늘과 땅과 바람을
스승으로 모셨다.

여든 주름이 온몸을 휘감아도
내 인생인 것을
내 삶인 것을
속으로만 삭이신다.

어린 시절 잃어버린 왕조를 원망도 하고 청년기 해방의 기쁨도 잠깐 형은 노름으로, 동생은 빨갱이로 집안을 거덜 내도 다른 동생 다독이시며 자식들 키우셨다. 밤이면 순사들 사립문에 서성대고 낮이면 하는 일 없이 들에서 밭에서 두려움을 삼키셨다.

보릿고개가 차라리 낫다.

돌아보면 서러운 역정
같이 있던 사람들은 모두 떠났고
앞뜰 돌배나무도 기어이
싹을 틔우지 않는다.

옆에 있는 아내가 다행스러워
다리 절룩이며 밥상을 차리신다.
밥상을 차리신다.

줄불을 아시나요?

정월,
이슥한 귀신날 밤
대문 양쪽 불꽃 번득이며 귀신 쫓던
그 줄불을 아시나요?

엄동설한 지나며 잘 마른 참나무 숯 잘게 빻아
삼베 천 기다랗게 자루를 만들어
차곡차곡 다져 넣을 때
얼굴은 숯가루가 묻어 석탄 캐는 광부 같고
하늘은 맑아 좋은 밤이 되리라
질긴 노끈 준비하여 숯 기둥 뉘여 놓고
한 매듭 한 매듭 촘촘히 질끈질끈
동여매고 동여매어
대문 양쪽 높다랗게 거꾸로 매달아 놓으면
귀신 온다 달조차 숨어버린 그믐밤을 기다려
숯 기둥 밑둥치마다 불을 붙여 밝히면
밤새도록 반짝이며
밤하늘의 별들이 지상으로 내려온다

하여 흑암을 밝히면
따스한 아랫목엔 정담이 오가고
사람들은 마음 편히 단잠을 이루었다

그러니 얘야
내가 죽기 전 어서 줄불을 만들어라
너와 나의 정을 잇는 그 줄불을 만들어
정월,
이슥한 귀신날 밤
칠흑 같은 밤을 밝혀 저승 가는 길에
꽃으로 뿌려다오
꽃으로 뿌려다오

내 고향 겨울은

폐경기 지난 어머님의 자궁 속이다
멀리 피 토하는 소쩍새 소리에
가슴에 살점 뚝뚝 떨어지는
일흔 노부모의 새벽이다

눈이라도 오면
뭍사람들의 지도 위에 묻힌
번지수도 찾지 못하는 세한도(歲寒圖)이다
선산엔 옹기종기
조상들의 무덤만 늘어나고

한쪽 다리 잃고 기울어진
허수아비 외로운 들판이다
북풍이 불어도 연 하나 날지 않고
얼음이 얼어도 지치는 아이 하나 없는

내 고향 겨울은
내 어릴 적 서글픈 추억이다

제3부

가출

너의 빈자리가 너무 쓸쓸해
잠시 내가 대신 앉아본다.
내가 너 같을 때 느낀
교실 그대로의 모습에 눈물이 난다.
그놈의 대학이 뭔지
보이지 않는 울타리 속
너 아닌 너를 인정하지 못해
그리고 저 창밖에 내리는
눈부신 햇살 때문에
너는 지금 어느 건축 공사장에서
숨겨두었던 너만의 시간을
차곡차곡 쌓아 가겠지
벽돌 한 장 한 장이 쌓여
집이 제 모양 찾으면 넌
어떤 깨우침으로 돌아올까
나는 어느새
앉아 있는 네 급우들보다는
텅 빈 네 자리가 더 넓게 보인다.

교무수첩

올해도 토막이 되어
사각의 틀 속에 갖풀로 굳어지는
너희들의 모습을 본다.

한결같이 환하게
제 모습 뽐내는 너희들
어느 하나, 같은 얼굴은 아닌데
하나같이
팔과 다리,
그 따스한 가슴까지도 없이
아라비아 숫자 적힌 얄팍한
펄프 한 모퉁이를 벗어나지 못하는구나.

그동안
너희들 같은 젊음을
수없이 난도질하여,
이젠 죄의식도 없이 오히려 능숙하게
허가 받은 범죄행위를

거침없이 해대는 나의 모습도
또 다른 어느 곳에
그렇게 붙박여 있겠지.

내 거울처럼
매일같이 마주하는 너희들은 분명
팔과 다리,
그리고 가슴까지도
들보처럼 튼튼한데
사진을 볼 때마다 내 귓전을 때리는
너희들의 비명소리.

아, 쉬 잠 못 들 오늘밤도
어쩔 수 없는 악몽에 시달리겠다.

교실이 나에게로 온다

벨이 울리면 의자가 나를 밀친다. 출석부가 나를 집어들고 교실이 나에게로 온다. 책이 나를 펴면 나는 삼류급 모노드라마 배우가 된다. 무대에 서면 나는 페스탈로치가 되고 히틀러가 되고 하얀 얼굴의 드라큘라가 된다. 계백이 되고 연산군이 되고 가증스런 일본순사가 되고……

연기(演技)란 보통 어려운 것이 아니다.

백묵이 나를 들고 칠판이 필기한다. 책상이 아이 코를 처박는다. 간밤 컴퓨터게임에서 쌍코피가 났나 보다. 핸드폰이 또 아이 하나를 끌어당긴다. 그 아이가 나를 매섭게 노려본다. 아이들은 결국 나를 체벌하고 나는 아무 말도 못한다. 아이들이 나에게 잔소리하면 수업이 나를 망친다. 뻔한 스토리의 드라마는 계속되고 'N세대'의 'N'이 의심스럽다. 시계가 팔을 늘어뜨리고 아이들을 본다. 나를 본다. 보기에 아이들이 애처로운가 보다. 내가 너무 느린가 보다. 지루한가 보다.

희망 없는 시간, 벨이 울릴 때까지 모노드라마는 계속되어야 한다. 요즈음은 이렇게 아이들이 나를 가르친다. 나는 배울 자세가 되어 있고 아이들은 가르칠 자세가 되어 있다. 이제 조금 있으면 책이 나를 덮고 출석부가 나를 들고 문이 나를 열어 교실이 나를 밀어낸다. 이것은 참 엽기적이다.

새싹들

하늘이 맑건 흐리건
비가 오건 눈이 오건
너희들이 그렇게 하늘을 이고 머리를 내미는 것은
애초부터
마음먹었던 바는 아니잖니

혹은
강물 노래하는 강가에서나
햇살 따사로운 언덕배기
시멘트로 칠갑된 가로에서나
메마른 사막 어느 오아시스에서도
똑같은 푸름으로 살아가는 것은,
그것은 너희들에게 주어진
사명이지

아침마다 보는 너희들
밤새 내린 별들의 자리
잘 닦인 안경알 같은 이슬방울

천사의 눈이라 했던가
그곳에
온 우주를 담고
촉촉이 젖은 순수의 빛으로
눈을 뜬다

교문단상(校門斷想) 1

교문에 들어서면
중년의 느티나무 서 있다.

새벽같이 달려와도
일 년 사시사철 그 모습 근엄하다.

간밤의 어둠일랑 훌훌 털고 오너라.
얼굴 가득 햇살 머금고 오너라.
저기 바람 찬 깃대 끝
꿈과 희망이 보이는가.
하늘 가득 가슴 열고 오너라.

교문 앞에서 그렇게 서성이는 너는
헝클어진 머리, 삐져나온 속옷
덕지덕지 바른 화장, 후우 느끼한 니코틴
욕구(欲求)와 갈망(渴望)도 엉뚱하게
어두운 그림자 밟으며
어찌 이 바람을 뚫고 갈 수 있는가.

끊임없는 시간은 바람처럼 지나가고
느티나무에도 낙엽은 지는데
봄은 또 오리라 그때는
부쩍 자란 모습으로
새로운 얼굴들을 보리라 한다.

교문단상(校門斷想) 2

아이들아,
잠시 걸음을 늦추고 마음을 가다듬자.
안녕하세요. 인사하자.
여기는 너 혼자의 세상에서
우리의 테두리 속으로 들어오는 곳
나보다는 우리를 생각하자.

풀 한 포기 나무 한 그루도
자유롭지 못하지만
가슴엔 즐거이 이름표를 달자.
서로의 이름을 불러주자.
부르는 이름이 그 이름의 주인을 높여
서로의 가슴을 울릴 때까지
복도 한 구석 계단 층층이 벤치 언저리
널브러져 나뒹구는 아이 없을 때까지

누구나 제멋에 사는 세상이라고
기르고물들이고볶고그리고뚫고화장하고뻐기고

버리고더럽히고깨고쏟고피우고때리고내닫고고함치지만
자존심은 잠시 마음속에 접어두자.
너보다 못난 사람 어디 있겠느냐.

고개 들어 하늘을 보자.
파란 하늘을 가리고 있는 느티나무는
함부로 자라지 못해 한 껍질만 벗으며
또 낙엽이 지고 있지만 아무 말이 없다.

올해도 또 누군가 떠나려나 보다.
이 길을 거쳐 간 사람들은 아마도
저 느티나무 잎의 숫자에 비례하겠지.

교문단상(校門斷想) 3

지난여름
교정에 심었던
나무 몇 그루가 죽었다.

물도
영양주사도
허사였다.

그 나무들은
잘려지고 뿌리째 뽑혀
교문을 나갔다.

키가 크든 작든
살아 있는 나무들은
이리저리 자리에 맞게
가지가 잘렸다.

교문 밖의 나무와

안에 있는 나무가
이렇게 다르다.

지금은 수업 중 1

얘야 너 자고 있구나
누구나 자는 잠이라고
분별없이 아무 때나 자고 있구나.
세상은 넓고 할 일은 많은데
본능에 좌우되는 너는
인간이길 거부하는 건 아니겠지.

그래 이미 잠든 너를 깨울 수가 없구나
깨움으로써 서로의 앙금만 깊어가고
낯선 언어를 배우는 이 시간에
어릿광대가 되라고 할 수는 없구나.
텅 빈 책상을 단두대 삼아
긴 목 늘어뜨린 그 모습엔
이 교실 이 학교 이 나라의 아픔이
다 그려져 있구나.

그러니 얘야 눈을 뜨고 일어나라.
마음속으로만 수없이 말한다.

우리 함께 이 아픔을 나누자.
눈을 감고 있는 것은 죽은 사람이다.
죽은 사람도 삶이 모자랄 땐 눈을 뜨고 있는데
살아 있는 너는 오히려 죽음을 재촉하는구나.
얘야 너의 푸른 날이
언제까지나 너의 방만함을 가려주지는 않는단다.
그러니 어서 눈을 뜨고 창밖을 봐라
마음속으로만 수없이 말한다.
가을이잖니
코발트빛 하늘 신선한 바람
이제 푸름도 빛이 바래고
결국 땅에 떨어져 넌
알몸이 되리라, 얘야, 얘야.

마음속으로만 수없이 말한다.

지금은 수업 중 2

난 영어선생이니
영어를 가르친다.

영어도 제대로 못하면서
영어를 가르치니
영어보다는 국어를 더 많이 쓸 수밖에

대학으로 가는 간이역으로
언제나 이렇게 답습되는 교실은 오늘도
십 년을 배우고 십 년을 가르쳐도
잘 못하는 영어를
그렇게 가르친다.

그러하니 국어가 걱정이다.
어설픈 영어에 물들어가는 국어
영어도 제대로 못하면서
있는 국어 제쳐두고
영어로 장식되는 너희들,

내 가슴이 아리다.

지금은 시험 중 1

이것도 대학으로 가는 과정이라
가물거리는 기억의 세계를 되짚어가며
기름 냄새 풍기는
아라비아사막을 걸어간다. 너희들은
아라비아숫자에 발목을 잡혀도
때론 신기루처럼 떠오르는
어설픈 개념들에 빨려 바삐
시간을 달린다.

너희들이 믿을 수 없어
난 이렇게 뒷짐 지고 마주서서
감시의 눈을 부릅뜬다.
불신의 자리가 저 밑바닥까지 깔려
밖에선 눈물처럼
장대비가 쏟아진다.

빗소리에 숨소리조차 적막하고
사각거리는 종이 소리만이

시간을 좇아간다.

저기
교사(校舍) 벽을 장식하고 있는 수많은 벽돌들
무엇이든 하나로 완성되는 것은 없다.
저 벽돌 하나 하나도
저렇듯 많은 가운데 하나 되어
거대한 구조물을 이루었는데
너희들 각자도
너희들 기억 하나 하나도
너희들 꿈의 세계로
힘겨운 여행을 떠나는구나.

지금은 시험 중 2

언제부턴가 우린
순종하는 법을 배웠습니다.
최루탄과 백골단
총과 탱크보다도
우리의 어깨를 더 움츠리게 하는
시간의 고문을 달게 받고 있습니다.

하얀 종이 위에 까만 애꾸눈을
수없이 그리는 데도 익숙해져 있고,
어쩌다 붉은 색을 칠하고 그 위에
까만 덧칠을 하지 않아 헛수고가 되어도
그 빌어먹을 멍청한 눈들 때문에
입술을 깨물어야 합니다.

차라리
창밖으로 보이는 장미꽃이 두렵습니다.
현기증 나도록 자극적인 향기에
일찌감치 잠든 아이도 있습니다.

떡 버티어 선 감시의 눈길에 쫓겨
두근거리는 심장소리도 들려옵니다.
사각거리는 종이 소리 요란한 교실은
스물다섯 개의 가슴 태우는 모닥불입니다.

유리창을 닦으며

교실 밖은
창문을 열지 않으면
검은 실루엣으로 서성거렸다.
삼백예순 날
맑은 하늘이 있어도
언제나 안개 낀 듯한 마음이었다.
누구든 닦으려 하지 않고
그래서 투명하지 못했던 서로의 마음들처럼
몇 해 동안 쌓여 굳어버린 먼지들이
목에 가시처럼 걸려
알레르기 반응을 일으켰다.
눈부신 봄의 햇살조차 산란시켜버리는
저 공기의 퇴적층이 두께를 더할수록
아픔은 원망스럽게도
종양처럼
깊은 어둠 속에서 자라고
의사는 창백한 얼굴로
절망의 시간을 전해주었다.

정작 너 때문이 아닌데
불신의 자린 잠시 가슴 한 구석에 두자.
회생을 믿으며
다시금 안과 밖이 교통할 그날을 기다리며
옥구슬보다 더 맑은 노랫소리 들릴 때까지
봄을 반기는 겨울이
얼음같이 투명한 순백의 젖가슴을 드러내 보일 때까지
서걱거리는 네 살결을 힘주어 문지른다.
궤적을 그리며,
조금씩 조금씩
천성이 부드러운 너를 느끼며,

봄이 오는 교정에서

애들아
저기 봄풀이 파르라니 돋아났구나
그 무겁던 겨울의 성긴 옷 사이로
고사리같이 여린 손길로 반기는구나
너희들처럼 앙증맞은 몸짓으로
적당히 터를 잡고
겨우내 다진 뿌리의 힘이
이제야 박차 오르는구나

시샘하는 찬바람이 내 맘같이 불어온다
그 뒤로 하얀 눈송이 송이들
간밤의 꿈처럼 쏟아지고
아직도 겨울의 미련은 남아 가끔씩
살을 가르는 회초리로
축복을 노래하는 백색 향연으로
너희들 곁에 머물러 있다 녹아버린다

눈물 같은, 식은땀 같은

곤한 밤의 잠꼬대 같은 소리 들으며
대지의 입김 들이마시며
너희들은 아침마다 내 앞에
신세계로 다가선다
가장 아름다운 인간으로 탄생한다

십일월 초사흘

오늘은 너희에게
참 부끄러운 하루라
내 낯은 더 붉어진다.

너무나 이기적이다.
그러니 우리
오늘 이 시간엔 책을 덮자.
슬픈 너희들의 날을 이야기하자.

통학 길 기차 안에서
망국의 울분 터뜨린 선배들
자유를 지키려 총대 잡은
저 무명의 학도들
총칼 앞에서도 의연했던
사월의 혁명지사들
풀잎처럼
어두운 역사의 뒤안길로 사라진
그 선배들

또 자신의 날을 외면하는
저 오늘의 선배들도 이야기하자.

창밖엔 겨울을 재촉하는
바람이 분다. 그 바람에
빛바랜 지난여름의 푸름이
정처 없이 뒹굴고 있다.

오늘, 저들은 아무 일 없기를
바라고 있나 보다.

졸업식장에서

누군가 뒤에서 날계란을 던진다.
삼 년 동안 껍질 속에 갇혀
그렇게도 아리던 고름이
비로소 터진다.

불만족의 세월
어떤 형태로든 그렇게도
깨어나고 싶던 흉몽의 기간
무던히도 아웃사이드이고자 했지만
남은 것은 이것뿐 이제야
그 아픔이 느껴지나 보다.

언제부턴가
눈물보다는 계란으로 밀가루로
얼룩지는 이 졸업식장에
눈이 내린다.
하얀 눈이 내린다.

그렇게 교문을 나서는 제자여
꽃가루처럼 흩날리는 저 눈도
쌓이고 쌓여
동서로 남북으로 길을 막아
계란 껍데기보다 더 두꺼운 벽이
너를 기다리고
나이만큼이나 무겁게
네 어깨 위에 내려
네 아픈 가슴을 적셔줄 것이다.

제자여.
돌아오지 않는 강을 건너는 제자여.
뒤를 돌아보지 마라.
이 아픔일랑 던져버리지 말고
삼키고 가거라.

숨 쉬는 도서실

오월 창밖 저 담벼락에
흐드러지게 피는 장미의 숨결
그 숨결 따라 생각나는 향기는
그저 지레짐작이지
조심스레 넘기는 책장 소리는
너희들의 살아 있는 숨결이지
그래 살아서 숨을 쉰다
장미넝쿨 그늘은 아니더라도
시원한 등나무 벤치는 아니더라도
칸막이로 꽉 막힌 이곳에서도
베르테르가 롯데를 사모할 땐 온통
숨이 막히도록
장미 꽃잎이 책상 위에 가득하다
먼 나라 일로만 생각되는 대학도 이곳에선
더욱 가까이 있지
기침소리는 방황하는 꿈들을 일깨우고
창문을 넘어온 한 줄기 바람은
책상 위에 조용히 머물다 간다

제4부

서시(序詩)

나의 시는
지퍼가 없어
내보일 수 없는 가슴이다.

소리 내어 부르짖지 못하고
공으로만 떠돌다가
정화되지 않은
내 생활의 잔상이다.

쓸수록 가난해지는
나의 마음이다.

푸르렀던 그 세계로 이젠
돌아갈 수 없어
푸른 마음의 천사들에게 들려주는
내 추억의 노래이다.

지구의 염가판매

찬바람 매서운 어느 겨울날
신호등이 바뀌자 잠시 핸들을 놓고 주위를 둘러본다.
〈지구의 염가판매〉
인도를 따라 파란 지구가 줄지어 서 있고
아직 트럭 위에는 불량 지구의가
이리저리 뒹굴고 있다.

이런 일이 일어날 거라 생각했지.
저마다 지구를 팽개치고 제 잇속만 차리다
언제부턴가 다른 행성을 찾고 있으니
이미 돌이킬 수 없는 쓰레기 더미는
메탄가스를 뿜고 침출수를 흘리고
땅속의 불은 끌 수가 없어
강은 기형의 생명들을 키우고
산은 도굴된 왕릉처럼 무참히 파헤쳐져 있다.

이 땅이 언제까지나 꿀이 흐르는 가나안일까.
그러니 영원히 머물 곳이 못 된다고

이젠 이 지구를 떠날 때가 되었다고
늦기 전에 떠나야 된다고
사업이 망했으니 거리로 나앉아
나앉은 가판대에서라도 이 지구를 처분해야 한다고
마지막 이윤이나마 챙겨
자그마한 우주선 하나 만들어
지구를 떠날 여비를 마련해야 한다고

지나는 사람도 없어 '싸구려!' 외칠 기회도 없다.
오늘 안으로 처분하긴 글렀나 보다.

비로소 신호등은 파란색으로 바뀌고
저마다의 소망을 찾아
차량 행렬이 움직이기 시작하는 순간
일제히 하얀 배기가스가 지구를 덮는다.

내가 저 지구를 사야겠다.

또 하나의 길

— DMZ

길이 막히면
또 하나의 길이 열린다는 것을 아는가
길이 새로 생기면
또 하나의 길은 막힌다는 것도 아는가
막고 막히고, 뚫고 뚫리는 것이
살아가는 길이거늘
생기는 길이 많으니
막히는 길 또한 많아
길마다 풀리지 않는 갈등들은
주검으로 쌓여
피와 살로 얼룩이 지고
산하는 시름에 젖어 돌아앉는다
아직도 싸움은 끝나지 않아
길이 막혀 만나지 못하는 슬픔은
바다처럼 깊어도
길이 막혀 새로 생긴 다른 길에선
또 하나의 행복이 평화롭다
모두가 이 길로 모여

한바탕 춤판을 벌인다
이보다 더 안전한 곳이 있을까
이보다 더 풍성한 곳이 있을까
양쪽 몇 겹의 철조망이
그 철조망 뒤편에는 살벌한 총부리가
저들을 지켜주는 이곳
저들은 이 평화가
깨어지기를 바라지 않나 보다
저들은 이 길이
뚫리기를 바라지 않나 보다

불꽃놀이

내 가슴 터지는 모습을 보고
사람들은 저리도 좋아할까

밤마다 하늘을 보며
떨어지는 별들을 차곡차곡 모았건만
모아서 영겁의 빛을 꿈꾸었건만
난 엉뚱한 잔치에 초대되어
사람들의 광대가 되고 있구나

팍!
파, 파, 팍!
순간 속에 핀 꽃들 뒤로
쓸쓸히 사라지는 잿빛 구름연기
아름다움은 그로 인해 더욱 돋보인다는 것
내 모든 꿈은 찰라 속으로 사라지고
텅 빈 가슴속에
또 다른 절망을 채워야 하는구나

까맣게 타버린 내 가슴을 보며
사람들은 저리도 즐거워할까

아내

오늘도
새벽을 여는 뒷모습
나를 만나고
기다림이 잦아졌다.

어떤 기다림이든
만남의 시간을 약속하지 않아
텅 빈 시공을 눈물로도 채우고
쏟아져 내리는 별빛과도 마주쳤다.

살아온 날보다
살아갈 날들을 그려보며
혼자가 아닌 둘만의 거울 앞에
자신을 투영하곤
아무리 받아도 부족한 사랑을
조그마한 가슴에 부어넣고
아무리 주어도 못다 할 사랑은
손끝 마디마다 새롭다.

사랑을 하며 산다는 것은
죽기보다 괴로워도
산을 오르는 마음으로 사랑은
우리의 산으로 남아
서로의 가슴을 달래주리라.

오늘도
새벽을 여는
아내의 그릇 부딪는 소리
또 하나의 기다림을 맞는다.

섬이 바다에만 있는 것은 아니다

바다로 가서
섬을 바라보았다.
그 섬에 가보았다.
그 섬에서
내가 온 곳을 바라보았다.
그것도 역시 섬이었다.

난 그때
내가 사는 곳도
섬이란 것을 알았다.
그 섬에 사는 나도
또 다른 섬이란 것을 알았다.

섬이 바다에만 있는 것은 아니다.

섬 속에 섬이 있고
그 섬 속에 바다가 있고
그 바다 속에

또 다른 섬이 있다.

우리 가슴속에도
수많은 섬이 떠다닌다.

바다

— 김성호님께

그래요, 바다는 하늘입니다.
언제나 한 점 구름 없이
상념의 물결 넘실대는
맑은 하늘이지요.

아무도 닿지 못한
그 끝에서부터 뛰는 가슴
맥박소리 힘찬 하늘이지요.

뭍으로, 뭍으로
말갈기처럼 일어나 달려
태초의 바위 위에 백사장에
연민 품고 쓰러지는
하얗고 하얀 소리
아무도 소리 내지 못할 소리
그 소리의 하늘이지요.

남쪽

바람 거세고, 가슴 설레게 하는
태풍의 변방
끊임없이 출렁이는 연인의 가슴
그 무지갯빛 가슴이지요.

어눌한 나라
자식의 잠든 가슴 쓰다듬는
어머님 손길 같고
살점 도려내며, 핏빛 흔적 없이
어둠을 우는 소쩍새 울음 같은 소리
정녕 그 소리의 하늘이지요.

그래요, 바다는
그 소리의 하늘입니다.

바람 속에서

노랗게 핀 은행잎들이
바람에 진 건 잠시였어.
그 부드러운 애무에
자지러지듯 흘러내려
지나온 生의 발길이 푸욱 푹 빠지도록
거리에 쌓인 것도 잠시였지.
자꾸만 등을 떠미는 바람에 밀려
한쪽 모퉁이로 몰리다가 뒤를 돌아보면
아무런 흔적도 없이
벌거벗은 은행나무들만 가로를 따라 서 있다.
통곡을 깔고 트럭 한 대가 지나간다.
매서운 칼바람에
수액들도 그 흐름을 거두고
두꺼운 방패막이를 친다.
그래 내가 꿈꾸는 것은
군불 지핀 시골집 온돌방 아랫목이나
내 추한 모습에 하얗게 피는 겨울 꽃이 아니다.
차라리 가슴 가득 불꽃 끌어안고

바람이 불면 부는 대로
바람 속에서 다시 살아나는 윙윙거림.
지나온 날들의 분신들이여,
너희는 갔어도
나이는 둥글게 점액으로 굳어져
또 하나의 주름을 더한다.

프라하 광장에서

그해 프라하는
춥디추운 겨울이었나 보다
골목마다 지키고 선 소련군의 총검 아래
발걸음이 얼어붙고
아름다운 꽃들도 성장을 멈추었나 보다
젊은 상념들 오갈 데 없이 방황하다
광장으로 광장으로 뜨거운 가슴 안고
겨울을 달구어 봄을 불렀으리라
봄이 오지 않으면 이대로 죽으리라
야무진 다짐으로 지축을 울리는
소련군의 탱크도 무섭지 않았겠다
짧은 기쁨에 이어
긴 한숨의 시간이 왔다
느닷없는 총탄에 두 젊은 주검이
거리 위에 나뒹굴고 그것으로
그 봄은 저 강물에 떠내려갔으리라
아직 때가 아니다 그때를 기다리자
겨울 속으로 숨어들어

지난하게 기다려온 세월 속에
광장 한 켠 묘비 위에 핀
꽃 한 송이
지나는 사람마다 이제 봄이 왔다고
그래서 이렇게 무성한 꽃들이 피고 진다고
채 피지 못하고 진 젊음이
이제야 피어난다고 입을 모은다
한 여름 뜨거운 햇살을 받아
더욱 뜨겁게 빛난다, 달아오른다
묘비 속의 눈동자

봄

봄이 잔물결 친다
뽀오얀 물안개 속
줄지어 늘어진 고드름 녹이며
봄 처녀 등짐 지고 밭이랑을 넘는다

봄이면 길을 떠나리라

어느 하늘밑
고사리 손 호호 불며
불 깡통 휘휘 돌리던 추억을 되살려
이제는 그 향기조차 없는 길을 따라
어느 생명이
연두색으로 반기는 길목을 돌아
연분홍으로 미소 짓는 산비탈을 올라
이제는 찬바람도 두렵지 않은 종달새
그 노랫소리 아득한 들판으로,

지금도 나 같던 아이 있을까

다 꺼져가는 얼음 위
철사 동인 나무썰매 지치길 좋아하고
양지 바른 곳
뽀오얀 백발 휘날리며 고고한 할미꽃 찾고
기다리던 마음 견디다 못해
미처 터지지 않은 진달래 질끈 꺾던,

아, 봄날이여
너의 영혼이 숨 쉬는 듯
솟아오르는 입김
봄 처녀 치마폭에 아른거리는구나

그리움 1

만남을 전제로 한다면
우리 그리워 말자.
지나온 것들을
사랑하는 것만으로 만족하자.

그리움이
예기치 못한 아픔을 줄수록
삶은 깊어가지만
또다시 철새처럼 돌아올 때 그땐
어쩔 수 없이 지워버리자.

그리움과 또 하나의 그리움 속에
어른이 되면
그때 일은 정녕 그리움이리니
그것은 휘날리는 눈발처럼 즐거운 것
간직하는 것만으로 만족스러운 것
만남 그 이상도 아니다.

만남을 전제로 한다면
우리 그리워 말자.
그리워함으로 아무도 모르는
한 비밀과 즐거움을 간직하자.

그리움 2

파도가
저리도 세차게
온몸을 던지며 밀려와
백사장에 안기거나
바위에 부딪히는 것은

바다 저쪽 끝에서
누군가가
푸른 눈물에 젖은 손수건을 잡고
하염없이 흔들고 있기 때문이다

별

어둠 속에서
누군가 울고 있다

눈에 어리는 눈물

눈물 한 방울이
아스라이 사라진다

짝사랑

나의 레테,
저 강 건너 좀 보아.
오가던 나룻배는 없어지고
유람선만 떠다니다 돌아오는
저 선착장 좀 보아.
그 옛날 추억이
뱃전에 하얗게 일어난다.

아직도 넌
내 마음속에 남아 있어 이처럼
내 잔잔한 가슴속에
하얗게 하얗게 밀려온다.
판화처럼 박혀 있는 네 이목구비
봄바람에 수양버들처럼 나부끼던
향기 좋은 네 머릿결
누군가 닿기만 해도 터질 것 같던
너의 토르소

나의 레테,
난 결국 너의 유람선을 탄다.
이젠 소리 없이 흘러 바다로 갔지만
눈먼 추억이라도 주워볼까?
차라리 이대로
저 강 위를 선회하다가
먼 바다 쪽으로 네 모습 찾아 나설까?

돌아오지 않는 나의 레테,
강물은 변함없이 흐르고
지난 일은 그립고 아름답다
그 강물을 마신다.

첫눈

누군가 올 것만 같아
시선은 자꾸 밖으로 향하더니
하! 하얀 하늘 아득한 곳
까만 점들이 유영하며 내려온다

하늘의 축복에
눈은 그들 따라 아래로만 향하고
모퉁이부터 채워지는 길목을
다행스레 바라본다

해설

귀환할 수 없는 귀환에 대한 열망

이상호 시인, 한양대 교수

1. 절실함이라는 것

절실하지 않은 것은 작품이 되지 않는다. 대개 먹고 사는 문제에 직결되지 않는 것이 예술이기 때문이다. 특히 시가 그런 편이다. 무엇이든 재화와 교환될 수 있는 것에만 관심을 갖는 사람들이 세상에 넘쳐나는 천박한 자본주의 시대에도 여전히 시를 좋아하면서 밤새 시의 신(뮤즈)에 이끌리는 시인의 길은 누가 시켜서 할 수 있는 노릇이 아니다. 그만큼 절실하다는 것이니, 천상 운명일 수밖에 없다.

이영권의 시를 읽으면 절실한 것들이 참 많다. 특히 그의 시편들 절반 이상을 차지하는 부모님과 고향에 대한 시적 사유들, 이른바 '수구초심'의 정서를 녹여놓은 작품들을 접하면 누군들 마음 저린 기억을 떠올리지 않을 수 있을까 싶다. 특히 산업화 과정을 겪으면서 더 나은 삶의 수단을 구하기 위해, 또는 청운의 꿈을 품고 뿔뿔이 고향(부모님)을 떠나 선망의 도시인 타관객지를 떠돌아야 했고, 지금도 그런 처지인 사람이라면 더 가슴 깊이 꽂힐 것이다.

물론 그가 이제야 처녀시집을 낼 정도로 그동안 시에 전념하지는 않았기 때문에 세속적인 눈으로 보면 작품성을 운운할 만한 점도 없지는 않다. 그렇다고 그것이 절실함을 덮어버릴 만큼 그리 큰 문제가 되지는 않는다. 절실함은 시적 기교 위에 놓이기 때문이다. 이 점은 비교적 기교를 많이 의식한 것으로 보이는 작품들을 맨 뒤쪽인 4부로 밀어내어 배치한 것만 보아도 짐작할 수 있다. 고향과 부모에 관련된 작품들은 시적 장식을 최소화한 거의 민낯 같은 느낌을 줄 정도이다. 너무 절실한 것이므로 달리 장식할 까닭이 없었을 것이다. 반면에 4부에는 아이러니와 역설 등 현대시의 큰 특성으로 지목되는 기법들을 동원함으로써 시적 긴장과 재치를 통해 읽는 재미를 배가한 작품들이 많다.

이렇듯 절실함의 농도나 시적 빛깔을 기준으로 분류한 것으로 보이는 이영권의 처녀시집 『그러나 먼 곳』은 모두 4부로 이루어졌다. 그 구성을 더 구체적으로 살피면, 1부는 주로 탈향에 따른 고향(부모님)에 대한 그리움, 2부는 부모님 회상, 3부는 직장 체험과 성찰, 그리고 4부는 그 밖의 세상사에 대한 소회를 중심으로 표현한 작품들로 채워져 있다. 이렇게 빛깔에 따라 네 개의 유형으로 나눠 놓았지만 공통분모를 찾자면 무엇보다도 '절실함'이란 말이 가장 잘 어울릴 듯하다.

물론 절실한 것이란 사람마다 같은 보편성을 띤 것도 있고 저마다 다른 특수한 것도 있기 때문에 한 가지로 몰아 말하기는 어렵다. 다만 한 시인의 작품은 결국 보편성과 특수성이 조합되어 이루어진다는 점만은 분명할 것이다. 그 두 요소가 날줄과 씨줄이 되어서 시인과 독자에게 정서적으로나 인식적으로 삶의 유용한 양식, 즉 마음을 정화하는 계기를 마련해줄 수도 있다. 그리고 시인에게 절실한 것일수록 독자에게도 절실함으로 다가감은 더 말할 필요가 없다.

2. 되돌릴 수 없는 시간 여행

그렇다면 이영권 시로 직조된 날줄과 씨줄은 무엇일까? 먼저 제재적 차원에서 날줄이 향수에 관련된다면, 씨줄은 구체적으로 그의 고향인 '한가뫼'와 부모님에 얽힌 기억들이 될 것이다. 그리고 주제적 차원에서 날줄이 꿈(이상,

비상)과 탈(현실, 추락)—인간의 본능인 욕망과 현실에 부딪쳐 좌절하는 것에 관한 이항대립적인 인식이라면, 씨줄은 시인 자신이 겪어온 성장기로부터 현재에 이르는 과정에서 겪은 슬픔과 기쁨에 관련된 다양하고 구체적인 체험들이다. 이러한 보편성과 특수성이 조합된 그의 시적 정서는 이번 시집의 첫 머리를 장식한 작품에서부터 여실히 드러난다.

내 어릴 적 시골에서 하늘과 땅 사이가 물로 채워져 경계가 허물어졌을 때 안마당에 널브러져 꼬물대는 미꾸라지를 보고 어른들은 미꾸라지가 물 타고 하늘로 오르다 떨어졌다고 했다. 어린 나는 곧이곧대로 믿지는 않았는데 비 그치고 마을 어귀 크든 작든 아무 도랑이나 그물 대놓고 발로 차면 그물 가득 미꾸라지가 잡히곤 하여 정말로 미꾸라지가 용 되었다는 말이 왜 생겨났는지 알 법도 했다. 이런 말을 도시 친구들에게 하면 거짓말이라고 했다. 어떻게 미꾸라지가 집안 마당까지 올 수 있느냐고. 그러면 난 웃으면서 말했다. 미꾸라지가 그렇게 많이 용솟음치듯 물을 타고 위로 위로 오르다 보면 몇 마리 정도는 하늘까지 닿을 수 있지 않겠느냐고. 지금은 시골에서 좀처럼 찾아보기 힘든 것도 모두가 그렇게 하늘로 하늘로 오르다 어느 중간쯤에 떨어진 것 아니냐고. 그렇게 떨어져 어느 도시 골목길 허름한 식당 맛깔스런 추어탕이 되기도 하지만 또 그렇게 오르고 오르다 허벌나게 돈 많은 부자가 되기도 하지 않았냐고. 인왕산 아래 청기와집 주인이 되기도 하지 않았냐고.

—「미꾸라지 용 되었다」 전문

이 작품은 이번 시집의 59편 중에 유일한 산문시이다. (산문시 경향의 작품으로 「사람은 배아야 되는 기라」와 「교실이 나에게 온다」 등 두 편이 더 있는데, 이들은 연을 나누어 자유시 형식을 가미했기 때문에 온전한 산문시는 아니다) 산문시라서 자유시보다는 상대적으로 함축성이 감소될 수밖에 없어 정제성도 다소 떨어진다. 그 대신에 서사성이 강화되었다. 이렇게 비시적 요소가 도드라질 위험성을 감수하면서도 시인이 굳이 산문시형을 선택한 것은 그만한 시적 고뇌의 과정을 겪었을 것임을 간과해서는 안 된다. 그렇지 않으면 시적 정제미로 시비가 일 수 있으니까.

그렇다면 시인이 산문시형을 선택한 비밀은 무엇일까? 그것은 바로 "미꾸라지 용 되었다"는 속담을 시적 모티프로 차용했다는 점에 있다. 속담은 이미 세상에 널리 퍼진 말이므로 개인의 소유가 아니다. 시인은 그 낯익은 속담을 이끌어 와서 개인적 체험을 입혀 새로운 작품으로 만들어냈다. 그러니까 보편성과 특수성을 조합한 셈이다. 특히 속담이란 이미 그 자체가 비유적인 표현으로 시적 요소가 들어 있는 관계로 자기화하는 과정에 껄끄러운 점이 있다. 이런 어려움을 해소하는 방식으로 그는 속담의 관념성에 개인적 체험을 대입하여 마치 실증하듯이 시로 형상화하고 그 속에 개인적, 현대적인 의미까지 집어넣어 재해석했다. 이러한 미묘한 사정을 적절히 구현할 수 있는 길을 그는 산문시형에서 찾아냈다고 할 수 있다. 따라서 이 시가 산문시형을 취한 것은 형식과 내용(제재)의 유기성을 확보하기 위해 시인이 미학적으로 고민한 결과이다. 작품의 내면으로 직접 들어가 그 내밀한 조직을 구체적으로 뜯어보면 그 실체를 확인할 수 있다.

이 작품은 인간의 비상 본능과 현실적 한계를 바탕에 깔고 있으면서도 이 시인만의 독특한 세계관으로 새로운 빛깔을 입혔다는 점에서 눈여겨볼 만한 장점이 있다. 우선 한마디로 말하면 시인은 인간에게 '수직적 상승(비상)의 욕망', 즉 '꿈꾸기'가 무엇보다도 중요함을 강조한다. 이것은 '미꾸라지가 집안 마당까지 올 수 있느냐고' 의구심을 갖는 도시인들에게 그럴 가능성을 이해시키는 방향으로 전개되는 작품의 표현 과정을 통해 알 수 있다. 특히 그것은 꿈의 실현 여부에 따른 시적 사유에서 잘 드러난다.

시인은 미꾸라지의 비상 결과를 ① "미꾸라지가 그렇게 많이 용솟음치듯 물을 타고 위로 위로 오르다보면 몇 마리 정도는 하늘까지 닿을 수 있지 않겠느냐", ② "지금은 시골에서 좀처럼 찾아보기 힘든 것도 모두가 그렇게 하늘로 하늘로 오르다 어느 중간쯤에 떨어진 것 아니냐"와 같이 성공(①)과 실패(②)로 대별했다. 그것을 비율로 따지면 하늘까지 닿을 수 있는 놈은 "몇 마리 정도"라고 했듯이 절대다수가 용으로 등극하지 못하고 결국 추락하는 존재로 전락하고 마는데, 여기에 시인의 독특한 관점이 드러난다. 그것은 미꾸라지가 하늘로 오르다가 어떤 한계로 인해 추락하는 무리들(②)의 귀착점에 대한 다음과 같은 시인의 분석적 인식을 통해 알 수 있다. 즉 그는 추락한 존재의 유형을 ㉠ "그렇게 떨어져 어느 도시 골목길 허름한 식당 맛깔스런 추어탕이 되기도 하지만", ㉡ "또 그렇게 오르고 오르다 허벌나게 돈 많은 부자가 되기도 하지 않았냐", ㉢ "인왕산 아래 청기와집 주인이 되기도 하지 않았냐"는 등의 세 유형으로 나누었다. 이 셋을 재분류하면 목숨을 잃고 희생되는 존재(㉠)와 목숨을 부지하면서 나름대로 성공하는 존재(㉡=재력, ㉢=권력)로 구별된다. 여기서 바로 추락 결과가 무의미한 것은 하나도 없다는 시인의 새로운 관점(개성)이 드러난다.

이러한 시인의 남다른 인식은 "가다가 중지 곧 하면 아니 감만 못하다"는 속담을 현대적으로 비판한 의미가 있다. 말하자면 꿈을 꾸고 그 꿈을 실현하기 위해 노력하는 것은 어떤 형태로든 모두 의미 있는 결과를 가져온다는 것이다. 물론 개인적, 세속적으로 보면 ㉡과 ㉢이 절대적으로 바람직할 것이다. 반면에 사회적 이상으로 보면 남을 위해 희생할 수 있는 ㉠과 같은 삶이 오히려 더 고귀하다. 그런 부류의 수효가 세상에 늘어날수록 점점 더 아름다운 공동체가 이룩될 수 있을 테니까. 이렇게 보면 꿈꾸기의 가치는 더욱 높아진다. 개인의 이상이 목표대로 실현되든 말든 또 결실의 크기에 상관없이 그 자체로 가치가 있다는 것은 결국 결과보다는 시도나 과정 자체가 더 중요함을 강조하기 위한 의도일 것이다. 이는, 시인이 가정 형편을 누구보다 잘 아는 가난한 아버지의 강력한 만류에도 불구하고 "아부지요, 우째도 지는 대학 갈기라요. 지가 벌어서라도 갈기라요."라고 극구 항변하여 끝내 허락을 받아내고 배움의 길을 찾아 고향을 떠난 그의 강력한 탈향 의지에 당위성을 부여하는 것이기도 하다. 또 자칫 철없는 불효자로 전락할 수도 있는 그의 무모한 고집을 "배운 놈들이 다 불효자라 카더라도 사람이 배아야 되는 건 옳은 이치 아인가?"라고 지원한 어머니의 말씀이 일거에 덮어버리고, 이에 동하여 결국 "그래, 사람은 배아야 되는 기라."(이상 「사람은 배아야 되는 기라」)라고 슬쩍 넘어가주는 아버지의 허락과 지혜로움의 발동도 결국 배움이 사람의 도리라는 점을 부정할 수 없었기 때문일 것이다. 이러한 당위성 앞에 결실 여부는 이차적인 문제일 따름이다.

그러나 문제는 그 당위성이 현실적 삶의 과정에서는 그 자체로 완벽한 것만은 아니라는 점에서 인간적 고뇌와 고통을 수반한다. 왜냐하면 수직적 상승의 사고(청운의 꿈)가 탈향의 근원이라면, 그에 의해 변형된 도시인으로서의 삶이 정체성을 훼손하여 다시 새로운 꿈을 꾸게 하기 때문이다. 새로운 꿈이란 수직적 사고(상승 욕구)의 대척점에 놓이는 수평적 사고와 관련을 맺는다. 이를테면 진한 '향수'에 젖는 것이 바로 그것이다. 향수에 관련된 과거는 통시적이므로 수직적 체계를 내포하지만 공간 차원에서 고향에 대한 그리움이므로 수평적 개념을 동반한다. 어쨌든 도시적 삶이 힘겨울수록 아늑하고 포근한 고향(부모님)은 간절한 그리움으로 떠오른다. 아니 그 반대로 자신이 행복할수록 별로 나아진 것 없이 안타깝게 늙어만 가는 부모님과 부모님이 계신 고향은 더 짠하게 다가오게 마련이다.

그런데 향수라는 정서적 목마름도 언제나 쉬 해소될 수 없다는 점에서 문제의 심각성은 여전히 남아 있다. 현실적으로 당장 직장을 그만두고 고향으로 내려가 사는 것도 그리 쉬운 일은 아니니까. 그리하여 향수의 대상은 귀환할 수 없는 '그러나 먼 곳'으로 마음에 굳게 자리를 잡고 시인에게 귀환에 대한 그리움만을 자아내게 한다. 이영권 시의 토대를 이루는 절절한 그리움은 바로 이렇게 형성된 것이다. 그리고 그 그리움을 낳게 한 씨앗이 바로 수직 상승에 대한 본능이자 인간적 당위성인 배움에 대한 목마름에서 비롯된 것임을 알게 되면, 왜 「미꾸라지 용 되었다」가 시집의 첫 머리에 올라 있는지 알게 된다. 말하자면 이 작품은 『그러나 먼 곳』의 지향점을 안내하는 이정표의 구실을 한다.

시집의 얼굴 작품으로 내세운 이정표를 따라 이영권의 작품 세계로 잠행하면 시인의 수직적 상승 욕구에서 발원한 그리움의 실체들이 1~2부의 작품들을 통해 다양하게 변주된다. 그는 시집의 절반 이상을 그리움이라는 물감으로 색칠해 놓았다. 그런 만큼 그에게 향수는 그 무엇보다도 절실한 시적 대상으로 자리를 잡고 있다. 그리고 앞서 잠시 거론했듯 너무 절실한 것은 시적 기교를 넘어서는 것이기에 이 작품들에 대해서는 따로 해설할 필요가 없을 정도로 그냥 가슴에 와 닿는다. 가령, 몇몇 구절들을 예로 들어보면 이렇다.

> ① 뒷산 양지쪽 까투리 따라/장기 푸드득 날아가며 울고/가시 돋은 탱자나무 사이 참새들/간밤에 꾼 꿈 이야기 재잘대고/자지러지는 앞개울 아름드리 버드나무 빨래터/어둠 씻는 소리/그 살아 있는 소리/소리들이 그립다
>
> —「그리운 소리」 부분

② 세상이 모두 내 것이었던/그 한여름/하늘로만 향하던 발돋움이나/뜨겁던 뙤약볕에 갈라진 입술이나/우레처럼 불만스럽던 젊음의 열정이나/홍수처럼 넘쳐났던 사랑도/이젠 흘러간 강물이 되었구나.

—「가을나무 한 그루」 부분

③ 살아간다는 것은/명주 몇 필 짜서 내 몸에 걸치고/나무상자에 누워 흙집으로 들어가는 것/가까운 것은 멀어지고/멀리 있는 것은 더 멀어지고/나도 그렇게 멀어져가는 것/가까운 것은 내 곁에 두고/멀리 있는 것은 끌어당겨/더 멀리 있는 것에 가까이 다가가는 것

—「그러나 먼 곳」 부분

④ 잠드신 아버지 얼굴에 새겨진 암각화는/흐르는 세월이 만든/설형문자 사기(史記)이런가/들여다보고/또 들여다봐도/판독하기 어렵구나

—「귀향」 부분

시집에 실린 순서에 따라 그냥 두 번째부터 차례대로 4편의 일부를 들어보았다. 별다른 시적 비약이나 기교가 없기 때문에 편하게 다가갈 수 있다. 그리고 ①처럼 '그리움'이라는 시어가 직접 표현된 작품도 있지만, 그 말이 없더라도 바탕에는 모두 그리움의 정서가 깔려 있다. 참고로 작은 사족을 달아보면, ①에는 고향에 살 때 들었던

'소리들'마저 그리워진다는 것을 표현하고 있으니 실제로는 가지 못하는 심정이 드러난다. 그리고 ②에는 '가을나무'로 상징되는 장년기에 이르러 이제는 젊은 시절의 불만스럽던 일들마저 그리워질 정도로 무상한 세월의 흐름을 한탄하는 정서가, ③에는 베틀로 명주(수의로 많이 쓰임)를 짜내던 어머니에 대한 기억을 통해 '먼 곳'(추억 어린 과거 회상+종말의 미래 상상)에 대한 복합적인 상념이, ④에는 잠시 고향에 들러 늙은 아버지의 주름살을 보면서 한 많았을 세월의 흔적을 이루 다 헤아릴 수 없어 안타까워하는 자식의 심정이 드러난다. 여기서 보면 ③에 일부 내포된 존재의 끝에 대한 상념을 제외하면 모두 지나간 시절에 대한 그리움이 시적 발상의 근원이 되고 있다. 그래서 되돌릴 수 없고 되돌아갈 수도 없어 시인에게 더욱 애틋하고 짠하고 애끓는 정서를 불러일으킨다.

이처럼 시인에게 인식되는 시간의 흐름은 자아를 무상감과 고통으로 몰아넣는다. 다시 말하면 생로병사를 주관하는 존재론적 시간은 탄생을 제외하고는 모두 부정성을 함유한다. 이는 앞으로 나아갈수록 기술문명을 발달케 하고 인간을 편리하게 만드는 과학적 시간과는 대립적인 관계에 놓인다. 그러니까 과학적 차원(과학적 모더니티)에서는 앞으로 나아가고 싶은 반면 존재론적(미적 모더니티)으로는 앞으로 나아갈수록 죽음이라는 종착역으로 다가가는 것일 뿐이므로 비극성을 내포한다. 그래서 시인들은 창조(탄생)와 파괴(소멸)라는 모순적 속성을 지닌 시간의 두 얼굴 중에 유독 파괴적 시간에 대해 절실한 관심을 갖는다. 왜냐하면 시간은,

어릴 적
서울 사는 아이들이
그렇게도 부러웠지

…(중략)…

고향에 가면
나를 부러워하는 사람은 없고
나는 되레
고향 사는 사람들이
부럽고 또 부럽다

—「부끄러움과 부러움」 부분(1연과 마지막 연)

는 대목에 드러나는 것과 같이, 어릴 때에는 (얼굴이 하얀) 서울 아이들이 부러웠지만, 정작 자신이 성장하여 서울에 살다가 내려가 보니 고향이 변해 되레 고향사람들이 한없이 부러워지도록 사람의 마음을 완전히 바꾸어 놓는 요망

한 것이기 때문이다. 그런가 하면,

거기
눈처럼 하얀 머리의 어머니가 보인다.
꼬부라진 허리 깊숙이 말라빠진 무말랭이 끌어안고
허위허위
툇마루 오르시는 어머니

—「이안(利安) 가는 길」 부분

라고 표현한 것과 같이 어머니를 늙게 만드는 것도 서러운데, 시간은 그 애통하도록 늙어 꼬부라진 몰골마저 "어메,/어메.//이제는/불러도/대답이 없"(「어머니 2」)는, 자식의 목소리가 들리지 않는 '먼 곳'으로 영영 데려가 버리는 매정하고 무서운 것이기도 하다. 그리하여 "돌아보면 서러운 역정/같이 있던 사람들은 모두 떠났고/앞뜰 돌배나무도 기어이/싹을 틔우지 않는" 폐허로 전락하여 "보릿고개가 차라리 낫다"(「아버지 2」)고 마음에도 없는(부정적 아이덴티티) 말을 중얼거리게 할 정도로 앞으로만 내닫는 시간은 인간에게 씁쓸함을 안긴다.

흔히 인간의 본능 가운데 현실적으로 가장 억누르기 어려운 것을 식욕과 수면욕과 성욕이라 하는데, 사실 따지고 보면 이것들은 모두 영원히 살고 싶은 욕망을 실현하려는 욕구 충족과 밀접한 관련이 있다. 뭐니 뭐니 해도 인간에게 영생의 염원보다 더 크고 절실한 것이 또 어디 있겠는가. 그런데 목숨을 주었다가는 다시 거두어가는 일을 결코 잊는 법이 없는 시간이라는 냉정한 요물은 인간들의 그 간절한 염원을 단 한 번의 예외도 없이 무참히 꺾어버린다. 물론 이것이 모두 자연의 섭리라는 것을 머리로는 알지만 마음으로까지 선뜻 받아들이기는 참으로 어렵다. 세상에 다시없는 부모님이 그 대상일진데 어찌 마음에 여유가 생기고 일말의 회한과 서러움이 없을 수 있겠는가. 1~2부를 장식한 시편들에 표현된 부모님에 대한 시인의 갖가지 절실한 기억과 정서들은 바로 그런 인지상정의 샘에서 분출한 시간적 부유물이다. 그래서 경중은 조금씩 달라도 근본에서는 거의 비슷한 우리에게도 통점을 찌르듯이 아픔을 환기하는 일침으로 다가온다.

3. 비판적 성찰과 시적 심화

원초적인 시적 사유를 형상화한 1~2부와는 달리 3~4부로 분류된 작품들은 현재적, 현상적 제재들이 주류를 이룬다. 그 가운데 3부에서는 교직생활에 대한 성찰과 회의를 표현한 작품들이 중심을 이루고, 4부에는 비교적 시적 인식이 강한 작품들이 배치되어 있다. 이제 이 작품들에 대해 간략히 더듬어보기로 한다.

먼저, 3부의 작품들은 크게 보면 본질이 많이 왜곡된 교육 현장에 대한 비판적 인식과 그럼에도 불구하고 교사로서 아이들의 미래를 걱정하지 않을 수 없는 천직 의식이 대비된다. 언론 등 다양한 통로로 교육 현장에 대한 문제 제기가 많이 이루어져서 어느 정도는 짐작하고 있지만, 현직 교사이자 시인의 눈으로 목격하고 인식한 것을 표출해 놓은 것이라 더 실감이 난다. 현실과 이상 사이에서 진퇴양난의 갈등을 겪을 수밖에 없는 이 시대 선생님들의 애환이 잘 드러나기 때문이다. 그중에도 다음 시는 무엇보다도 우리의 가슴을 아리게 한다.

벨이 울리면 의자가 나를 밀친다. 출석부가 나를 집어들고 교실이 나에게로 온다. 책이 나를 펴면 나는 삼류급 모노드라마 배우가 된다. 무대에 서면 나는 페스탈로치가 되고 히틀러가 되고 하얀 얼굴의 드라큘라가 된다. 계백이 되고 연산군이 되고 가증스런 일본순사가 되고……

연기(演技)란 보통 어려운 것이 아니다.

백묵이 나를 들고 칠판이 필기한다. 책상이 아이 코를 처박는다. 간밤 컴퓨터게임에서 쌍코피가 났나 보다. 핸드폰이 또 아이 하나를 끌어당긴다. 그 아이가 나를 매섭게 노려본다. 아이들은 결국 나를 체벌하고 나는 아무 말도 못한다. 아이들이 나에게 잔소리하면 수업이 나를 망친다. 뻔한 스토리의 드라마는 계속되고 'N세대'의 'N'이 의심스럽다. 시계가 팔을 늘어뜨리고 아이들을 본다. 나를 본다. 보기에 아이들이 애처로운가 보다. 내가 너무 느린가 보다. 지루한가 보다.

희망 없는 시간, 벨이 울릴 때까지 모노드라마는 계속되어야 한다. 요즈음은 이렇게 아이들이 나를 가르친다. 나는 배울 자세가 되어 있고 아이들은 가르칠 자세가 되어 있다. 이제 조금 있으면 책이 나를 덮고 출석부가 나를 들고 문이 나를 열어 교실이 나를 밀어낸다. 이것은 참 엽기적이다.

—「교실이 나에게로 온다」 전문

참 많은 생각을 하게 만드는 작품이다. 전체가 역설과 아이러니를 통해 이루어져 있듯이 뒤집어지고 거꾸로 된 교육 현장이 선연하게 눈에 들어온다. 천지개벽을 하듯이 완전히 학교생활의 패턴이 바뀌어 버린 'N세대'를 대상으로 '희망 없는 시간'을 다만 소모하며 '삼류급 모노드라마 배우'가 되어 온갖 '연기'를 해야 하는 교사의 자괴감이 절절이 드러난다. 도무지 보람을 찾을 길이 없으니 교사는 점점 피동적이고 기계적으로 변하여 급기야는 아이들이 자신을 가르치고 체벌하는 전도된 현상(「교문단상 3」

에서는 '교문 밖의 나무와 안에 있는 나무'의 뒤바뀐 현상을 그려 교육의 역효과를 비판한다)을 상상하면서 끔찍한 '엽기적'인 상황에 빠져들기도 한다. 이렇게 그는 미래를 책임지는 굳은 사명감으로 아이들을 가르쳐야 할 '천직(天職)'이 서글픈 '천직(賤職)'으로 탈바꿈한 모순의 현장을 절박한 심정으로 고발한다.

그러나 그럼에도 불구하고 한편으로는 누군가는 교육 현장을 지켜야 하고, 또 지키지 않을 수 없는 일이라는 점을 깊이 의식하여 그는 교사로서의 사명감을 잊지 않으려고 스스로 애를 쓰기도 한다. 그래서 더욱 측은한 마음을 불러일으킨다.

끊임없는 시간은 바람처럼 지나가고
느티나무에도 낙엽은 지는데
봄은 또 오리라 그때는
부쩍 자란 모습으로
새로운 얼굴들을 보리라 한다.

—「교문단상(校門斷想) 1」 부분

현실적으로 절망적 상황에 처하면 시간의 두 얼굴이 고마울 때도 있다. 시인은 순환하는 시간에 따라 재생의 순간이 다시 오리라 확신하면서 힘겨운 순간을 견디고 스승의 소임을 다해야 한다는 신념을 저버리지 않으려 한다. 이런 마음을 다잡기 위해 그는, "얘야 너의 푸른 날이/언제까지나 너의 방만함을 가려주지는 않는단다./그러니 어서 눈을 뜨고 창밖을 봐라/마음속으로만 수없이 말한다."(「지금은 수업 중 1」)는 소극적인 자아와, "영어도 제대로 못하면서/영어를 가르치니/영어보다는 국어를 더 많이 쓸수밖에"(「지금은 수업 중 2」) 없는 자신의 무능에 대해 성찰하고 반성한다. 나를 먼저 탓하고 나의 문제점을 개선하려는 노력을 경주하는 사람에게 대상은 허물보다는 긍정적인 모습으로 먼저 다가오기 마련이듯, 그의 자기반성은 다음처럼 교정에 봄을 불러들이고 '가장 아름다운 인간으로 탄생'할 아이들의 미래를 현실로 앞당겨 생각하는 확신을 갖도록 만든다.

눈물 같은, 식은땀 같은
곤한 밤의 잠꼬대 같은 소리 들으며
대지의 입김 들이마시며
너희들은 아침마다 내 앞에
신세계로 다가선다
가장 아름다운 인간으로 탄생한다

—「봄이 오는 교정에서」 부분

한편, 4부의 작품들에서는 앞서 말한 대로 시적인 차원에서 한껏 신경을 쓴 흔적이 잘 드러난다. 뒤늦게 '서시(序詩)'를 제목으로 한 작품으로부터 시작하는 것도 그렇거니와, "나의 시는/지퍼가 없어/내보일 수 없는 가슴이다."(「서시(序詩)」)라고 시인으로서의 한계를 의식하는 답답한 마음을 비유적으로 표현한 대목을 통해서도 확인할 수 있다. 그리고 「지구의 염가판매」라는 작품에서는

지나는 사람도 없어 '싸구려!' 외칠 기회도 없다.
오늘 안으로 처분하긴 글렀나 보다.

비로소 신호등은 파란색으로 바뀌고
저마다의 소망을 찾아
차량 행렬이 움직이기 시작하는 순간
일제히 하얀 배기가스가 지구를 덮는다.

내가 저 지구를 사야겠다.

라고 표현해, '지구의(地球儀)'가 팔리지 않는 모습에 대해 측은해 하는 심정과 '地球+의'(同音異義를 통한 시적 모호성 실현) 오염을 걱정하는 마음을 연결하면서 산뜻하게 반전으로 마무리하는 재치가 돋보인다. 또한 "길이 막히면/또

하나의 길이 열린다는 것을 아는가/길이 새로 생기면/또 하나의 길은 막힌다는 것도 아는가/막고 막히고, 뚫고 뚫리는 것이/살아가는 길이거늘/생기는 길이 많으니/막히는 길 또한 많아/길마다 풀리지 않는 갈등들은/주검으로 쌓여"(「또 하나의 길—DMZ」)라는 대목과 "까맣게 타버린 내 가슴을 보며/사람들은 저리도 즐거워할까"(「불꽃놀이」)라는 구절에 드러나는 세상사의 복합성과 그 내밀한 의미를 통찰하기 위해 원용한 아이러니 기법도 눈여겨볼 만하다. 이 연장선상에 놓이는 다음 시의 역설적 표현은 눈에 보이는 세상이 전부라고 착각하기 쉬운 일상인들에게는 무척 낯설고 충격적으로 다가갈 것이다.

바다로 가서
섬을 바라보았다.
그 섬에 가보았다.
그 섬에서
내가 온 곳을 바라보았다.
그것도 역시 섬이었다.

난 그때
내가 사는 곳도
섬이란 것을 알았다.

그 섬에 사는 나도
또 다른 섬이란 것을 알았다.

섬이 바다에만 있는 것은 아니다.

섬 속에 섬이 있고
그 섬 속에 바다가 있고
그 바다 속에
또 다른 섬이 있다.

우리 가슴속에도
수많은 섬이 떠다닌다.

—「섬이 바다에만 있는 것은 아니다」 전문

여기서 섬은 섬이되 섬이 아니기도 하다. 그것은 사실적으로는 바다나 호수 안에 있는 작은 뭍을 의미하지만 시어로 수용되면서 사실의 세계와 상상의 세계를 넘나든다. 이 시에서는 주로 상징적 이미지로 쓰이면서 비일상적 의미(무의미 : 난센스)로 전이되어 역설적 차원으로 올라선다. 그리하여 바다에 솟아 있어야 할 섬이 시인이 상상하는 아무 곳에나 솟아오른다. 이제 이것은 갇혀 있던 사전 속에서 스르르 빠져나와 굳어진 의미를 벗고 자유롭게 떠돌아다니면서 시인이 인식하는 어떤 관념들을 심상으로 바꾸어주는 구실을 한다. 섬의 형상에 관련된 다양한 의미를 암시하면서 무수한 분신을 만들어낸다. 이를테면 그것은 육지에서 외따로 떨어져 있는 형상으로 인하여 고립·단절·소외·외톨이·고독 등의 부정적인 이미지에서부터 타락한 육지에서 멀리 떨어져 있는 순수한 공간이나 이상향(『홍길동전』의 '율도국'), 누구나 쉽게 접근하기 어려운 고고함이나 신비스러움 및 미지의 세계, 또는 바다에서 조난당한 배나 사람에게는 구원의 공간 등등 실로 다양한 의미로 분화될 수 있다.

그렇다면 위의 시에서 '섬'은 어떤 의미로 읽힐까? 시의 표면을 통해서는 그 이미지가 긍정적인지 부정적인지 분명히 구분하기 어렵다. 다만 자아의 안팎에 온통 무수한 섬들로 가득 차 있다거나 "섬 속에 섬이 있다"고 하듯 그것이 겹겹이 층을 이루고 있다는 것, 그래서 어떤 것이 섬이고 섬이 아닌지 분별이 잘 되지 않는다는 것, 또한 "우리 가슴속에도/수많은 섬이 떠다닌다."는 대목에 따르면 자아가 끝없이 분열한다는 것 정도만이 확실하다. 그래도 굳이 가치를 매기라면, 이 시의 결구인 마지막 연에 암시된 것을 기준으로 보면 시인에게 부정적 인식을 불러일으키는 대상으로 좀 더 기울어지는 듯하다. 가슴속에 수많은 섬이 떠다닌다는 것은 정체성이 확립되지 않은 상태를 암시하니까. 아마 그럴 것이다. 인간이란 육체가 소멸하기 직전까지 의식이 살아 있는 한 무엇이든 끊임없이 욕망할 수밖에 없으므로 온전히 자아실현에 이르렀다고 할 수 없음을 상기하면 가슴속에서 계속 분화하는 욕망덩어리를 깨끗이 제거하기는 불가능하다. 그래서 그 무수한 욕망들에 홀려 자아는 때때로 혼란스럽거나 섬처럼 외로움에 처하게 되는 것이다.

그러나 그럼에도 불구하고 또 한편으로는 인간의 욕망은 작으나마 자아실현이라는 낙원을 열망하게 부추기는 계기가 된다는 점도 결코 무시할 수 없다. 특히 앞서 살핀대로 인간 본능의 한 형태인 수직적 상승의 꿈은 어떤 형태로든 의미 있는 결실을 맺는다는 시인의 세계인식에 따르면 인간의 욕망=꿈은 자아발전을 위해서 반드시 필요한 정신 작용이다. 다만 제 분수에 넘치도록 지나치지만 않는다면.

이영권이 비가역적 시간인 과거에 대한 짙은 그리움의 날개를 접고, 현실로 돌아와 자기 한계를 느끼면서 겸허한 자세로 자아를 되돌아보면서 나름대로 꿈을 펼치려고 노력하는 것은 바로 제 분수를 성찰한 결과일 것이다. 세상에 태어난 이상 인간은 모태에서 안락하게 존재하던 시절—절대적인 평화의 경지로 되돌아가는 것은 애초에 불가능하다. 그렇다고 평화와 자유라는 인류의 궁극적 이상에 조금이라도 접근하려는 노력마저 포기할 수는 없다. 그것은 인간으로서 가져야 할 당위적 명제이기 때문이다. 그의 시는 바로 그 진퇴양난의 인간적 숙명에 대해 유한한 목숨과 현실적 사명감을 성찰하는 것으로서 나름대로 그 실마리를 풀어보려 한 결과물이다. 그래서 이래저래 다사다난한 삶에 갇혀 어지러움을 겪는 현대인들에게 그의 시는 잠시 자아를 되돌아볼 수 있는 여유를 마련해주고 마음에 작은 온기라도 지펴 주리라 믿는다.

이 도서의 국립중앙도서관 출판시도서목록(CIP)은 서지정보유통지원시스템 홈페이지(http://seoji.nl.go.kr)와 국가자료공동목록시스템(http://www.nl.go.kr/kolisnet)에서 이용하실 수 있습니다.(CIP제어번호: CIP2014009041)

문학의전당 시인선 178

그러나 먼 곳

초판 1쇄 인쇄 2014년 4월 1일
초판 1쇄 발행 2014년 4월 8일
지은이 이영권
펴낸이 김석봉
책임편집 이현호
디자인 조동욱
펴낸곳 문학의전당
출판등록 제311-2012-000043호
주소 서울시 은평구 연서로11길 7-5 401호
편집실 서울시 마포구 마포대로 127, 413호(공덕동, 풍림VIP빌딩)
전화 02-852-1977
팩스 02-852-1978
블로그 http://blog.naver.com/mhjd2003
전자우편 sbpoem@naver.com

ISBN 978-89-98096-73-1 03810